REGNAUD DE MONTLOSIER,

ACCUSATEUR,

ou

LES JÉSUITES, LES MÉMOIRES ET LE PARTI JALOUX.

Par un Bourgeois de Paris.

Paris,

A LA LIBRAIRIE CATHOLIQUE D'ÉDOUARD BRICON,

RUE DU POT DE FER, N° 4.

DÉCEMBRE **1827.**

REGNAUD DE MONTLOSIER,

ACCUSATEUR.

Imprimerie de BÉTHUNE, rue Palatine, n. 5, à Paris.

REGNAUD DE MONTLOSIÉR,

ACCUSATEUR,

OU

LES JÉSUITES, LES MÉMOIRES ET LE PARTI JALOUX.

Par un Bourgeois de Paris.

Paris,

A LA LIBRAIRIE CATHOLIQUE D'ÉDOUARD BRICON,
RUE DU POT DE FER, Nº 4.

1827.

CHAPITRE PREMIER

CONTENANT

QUELQUES RÉFLEXIONS D'UN HOMME DE BONNE FOI

SUR

LES ACCUSATIONS CHAQUE JOUR RÉPÉTÉES CONTRE LES JÉSUITES.

Iʟ faut à la France des opinions qui la divisent :
son esprit belliqueux veut de la guerre, à quelque
prix que ce soit ; et, pourvu qu'il y ait deux partis
en présence l'un de l'autre, sérieux ou frivole,
tout sujet de bataille saura lui plaire. Êtes-vous
uraniste ou jobelin ? telle fut la question que,
pendant quelque temps, s'adressèrent les Français
divisés d'opinion sur le mérite d'un sonnet ; êtes-
vous pour l'Uranie de Voiture ou pour le Job de
Benserade. Êtes-vous aristocrate ou jacobin ? de-
manda-t-on plus tard ; voulez-vous qu'on révère

les rois ou qu'on les tue? Quelques années après,
êtes-vous jésuite ou ne l'êtes-vous pas? se dit-on;
et, dans ces trois circonstances si différentes, partagée en deux camps opposés, l'opinion française
a combattu avec une égale ardeur.

Désirant prendre parti dans la lutte actuelle-
ment engagée, l'auteur de cette brochure a employé tous les moyens qui étaient à sa disposition
pour éclairer sa conscience sur les points en
litige. Ainsi donc, il a étudié ce qu'ont écrit les
défenseurs du parti jésuitique, petit travail au-
quel bien peu se sont livrés; il a parcouru ensuite
avec patience la bibliothèque nombreuse com-
posée par leurs adversaires : ce sont des milliers
de volumes, dont les grands sont la paraphrase des
petits, et les in-32, l'analyse des in-folio.

Les opinions d'un homme sont tellement dans
la dépendance des objets qui l'entourent, son
jugement est tellement soumis à son goût et à ses
amitiés, que, dans le seul intérêt de l'impartia-
lité, l'auteur se croit obligé de présenter un ex-
posé très-court des dispositions dans lesquelles il
se trouvait quand il tenta, sur la question des jésuites, la découverte de la vérité. Il sera donc utile
de dire qu'entrant en cette matière, son esprit
n'était pas libre de préventions; ce n'était pas

(7)

dans une terre vierge qu'il pouvait tracer des sillons. Les préjugés , les attachements, les antipathies l'avaient déjà marquée de leurs traces ineffaçables. Élevé par des hommes d'une piété profonde, il avait entendu , dès ses plus jeunes ans , l'éloge de cette compagnie célèbre qui eut des saints pour fondateurs. Dans son désir de connaître, il avait interrogé de vieux amis , des vieillards vénérables instruits dans les colléges de la société : ces hommes anciens, qui parlaient encore avec attendrissement et respect de leurs maîtres, lui avaient répondu que l'exil des jésuites avait été pour les provinces une nouvelle de tristesse et de pleurs, qu'ils étaient chéris de leurs élèves, honorés de tous les gens de bien. Il avait lu , relu avec plaisir , avec enthousiasme , ce monsieur de Châteaubriand (hélas !) qui disait de si belles choses sur les missions de la Chine , sur l'éducation de la jeunesse , toujours souffrante depuis le départ des jésuites.

Voilà, d'un côté, ce qu'il y avait de préventions dans l'esprit du jeune auteur. De l'autre côté, avait passé sous ses yeux l'antijésuitique dix-huitième siècle , ses plaisanteries philosophiques et son Voltaire. Il avait étudié les écrits de cette époque avec une ardeur proportionnée à la défense qui en était faite à son inexpérience. Il avait lu, séduction plus dangereuse pour lui , ces lettres sur Port-Royal, où Racine, janséniste sublime, a voulu nous peindre, et les malheurs de ce monastère, et la méchanceté de ceux qu'il accuse d'en être les premiers destructeurs. Puis encore, et ce n'est pas le moindre poids dans la balance, il y avait dans son cœur cette fougue des passions qui éloigne le jeune homme de toute règle et de tout frein , cette orgueilleuse indépendance de la volonté qui ne permet pas de voir dans un ordre religieux autre chose que la servitude et l'esclavage. Il traînait enfin avec lui cette chaîne pesante de l'incertitude qui ronge le repos de la vie, mais qui laisse au moins à l'esprit, au milieu de ses tourments, cette liberté salutaire que demande la vérité.

On voit dans quelles dispositions d'âme et sous quelle influence nous commençâmes nos recherches ; disons quel en fut le résultat. Certes, il y a peut-être quelque témérité de notre part à oser soutenir la société des jésuites contre des hommes tels que ceux, qui naguère encore, dirigeaient contre l'ordre célèbre une attaque si savante. Cependant, forts de notre indépendance et de la pureté de nos intentions, nous ne craindrons pas de dire la vérité parce qu'elle est puissamment attaquée, parce que le talent tremble de la défendre, ou qu'elle lui fait perdre sa popularité. Ainsi donc, de toutes les accusations intentées aux jésuites, les unes nous parurent ridicules, les autres ne nous semblèrent pas faites dans la bonne foi de leurs auteurs. C'est ainsi que nous trouvâmes ridicule de prononcer contre les jésuites le mot de parricide, parce que, au milieu des révolutions qui ensanglantèrent la patrie, quelques-uns de leurs écrivains avaient répondu affirmativement à cette question, alors la question du jour : *Est-il permis de tuer un tyran?* Car, ainsi que le dit M. de Bonald, en rapportant l'opinion de d'Alembert : *Il est malheureusement trop certain que les maximes qu'on reprochait à Guignard et aux autres jésuites sur le meurtre des rois étaient alors celles de tous les ordres religieux, de presque tous les ecclésiastiques; c'était même, si on ose le dire, celles d'une grande partie de la nation.* « Soyons de bonne foi, ajoute M. de Bonald, la France entière, pendant la révolution, a été partagée entre deux partis, dont l'un aurait cru licite de tuer les tyrans de la convention et peut-être l'usurpateur, et dont l'autre a cru nécessaire de tuer le roi. Ne reprochons pas tant aux jésuites une doctrine qui était bien moins la leur, quoi qu'on en ait dit, que celle des révolutions de tous les temps, et empêchons seulement, de toutes nos forces, des révolutions qui enfantent des doctrines si monstrueuses et de si grands attentats. » Nous ne trouvâmes pas moins ridicule de rendre responsable des fautes d'un sophiste une compagnie de plusieurs milliers d'hommes, comme aussi d'accuser la règle d'un ordre, parce qu'un membre de cet ordre aura violé cette règle : ainsi, disions-nous, on attaquera l'Évangile, parce qu'un petit nombre des ministres chargés d'enseigner cette morale divine en aura transgressé les préceptes. J'élève une barrière propre à contenir la multitude qu'elle retient en effet : un furieux s'élance tout à coup, et franchit l'obstacle opposé : que dira le spectateur? qu'il faut briser la barrière; ce serait votre raisonnement contre la règle des jésuites et les écarts d'imagination dont quelques-uns de leurs frères ont affligé la famille.

Nous l'avons dit : Henri IV assassiné par des hommes qu'il avait défendus contre la haine des parlements, les Jésuites accusés d'assassinat pour avoir montré du latin à un fou, voilà ce que le bon sens ne permet pas d'admettre. Mais on a été plus loin encore : on a dit, on a publié, proclamé, dans le sanctuaire même de la justice,

que la société des jésuites avait pour habitude
et pour but de répandre des principes de crime,
d'immoralité et de libertinage. Je ne sais comment on a pu avancer une telle assertion en
présence d'hommes auxquels on supposait une
ombre de raison! Jamais en effet on ne fera
croire à la terre qu'une école a été ouverte pour
y façonner les hommes à la corruption, et leur
enseigner le crime : la chose est contre nature.
Feuilletez les pages de l'histoire du monde, cette
monstruosité ne s'y trouve pas, elle ne peut s'y
trouver. Une société chargée d'enseigner le crime!
et quel en serait le maître? un vieillard corrom-
pu? mais l'ardente imagination du plus jeune
de ses élèves sur-le-champ mettrait en défaut
sa science odieuse. Voyez aussi de quel respect
serait environné un professeur d'immoralité!
Non, ils ne croyaient pas à leurs paroles ceux qui
accusaient les jésuites d'avoir élevé des écoles
où les vices de tout genre étaient mis en doctrine; bien plus, et disons-le d'une voix ferme:
ils ne croyaient pas à leurs arrêts. On n'a jamais
prêché le vice; on ne le montre à la multitude
que voilant sa tête hideuse sous des lambeaux de
vertu. Ainsi donc qu'une réunion, formée par le
crime, ait existé pendant plusieurs siècles, c'est

une supposition que nous dirons incroyable par son absurdité.

Que l'ambition ait servi de point de ralliement à des hommes d'un esprit cultivé, cela, au moins, paraît vraisemblable de prime abord. Cependant c'est aux personnes qui soutiendraient cette opinion, assez généralement admise sur les vues ambitieuses des jésuites, que j'oserais demander compte , premièrement des bases de leurs croyances à cette assertion , secondement du degré de bonne foi qu'elles apportent dans ces reproches. Ne discutons pas, seulement quelques réflexions à ce sujet.

Un jeune homme brûle de la soif des honneurs. A cette passion terrible, il va tout sacrifier : plaisirs, repos, joies d'un amour honnête, joies plus douces encore d'une tendre paternité. Il n'a pu parvenir aux premiers emplois civils, une route moins fréquentée lui est ouverte : la carrière ecclésiastique, avec ses honneurs, sa considération et son influence, se présente à sa jeune ambition ; l'infortuné s'y précipite ! Tout cela me paraît très vraisemblable, et si quelque personne de confiance me disait : je l'ai vu ; je répondrais : et moi aussi. Mais voilà qu'un homme, environné de tout ce que la société peut donner de saveur à l'amour=

propre, de tout ce qu'on obtient de plaisir par des avantages personnels, enfin de tout ce qui serait le but des désirs d'un homme du siècle, voilà, dis-je, que cet homme, rejetant loin de lui le monde et ses charmes trompeurs, dégoûté du vide des plaisirs bruyants dont s'étourdit le vulgaire, se retire dans une profonde solitude, revêt un habit religieux, fait abnégation de sa volonté, jure de ne jamais accepter aucun titre ou honneur, même écclésiastique, et renonçant à la terre, s'écrie au pied des autels de Dieu : Je suis Jésuite ! Alors j'entends dire de lui: c'est un ambitieux ! Comment! un ambitieux? vous qui parlez ainsi, je ne vous comprends pas ; daignez vous expliquer. Où va donc se porter l'ambition de ce prêtre, va-t-il amasser de grandes richesses ? Sa règle lui défend de posséder par lui-même. Va-t-il par des voyages lointains acquérir une grande renommée dans son siècle? Il ne pourra faire un pas sans la permission des maîtres qu'il s'est imposés ; et là où leurs ordres lui commanderont de s'arrêter, il s'arrêtera. Mais peut-être que dans la retraite il va publier quelque savant ouvrage dont la gloire, si douce aux grandes âmes, le consolera de toutes ses privations? La gloire, dites-vous? Sans doute il est une gloire qui lui est chère ; mais ce n'est pas cette vapeur empoisonnée dont se nourrit l'orgueil ; c'est la gloire de la religion, et voici comment il cherche à l'obtenir. Passant une partie de ses jours dans l'étude et la prière, l'autre est consacrée à montrer à des enfants dans la chaire d'un collége les éléments de la grammaire. Telle sera, suivant toutes les probabilités, la brillante perspective qui s'ouvre devant lui : voilà le but de son ambition. Arrêtez, me dira-t-on? ignorez-vous donc ce que peut sur une âme ardente cette piquante volupté de pouvoir que l'on appelle la conduite des âmes. Diriger, fût-ce même de vieilles femmes, c'est ce qu'a voulu votre jésuite. O profond investigateur des replis du cœur humain ! qui donc a pu te découvrir ainsi cet abîme immense où nos yeux n'avaient su pénétrer. Quoi ! un homme renonce à tout au monde, au repos, à l'amour, à la liberté, aux honneurs, j'ai presque dit à la vie, et cela pour l'inconcevable plaisir d'écouter de temps à autre le récit d'un tas de crimes, de faiblesses, de saletés, de niaiseries, en un mot, de péchés ! Comment ! il y a des hommes ainsi faits qu'ils puissent tout perdre, hors le plaisir de confesser? Et de ces gens-là, dites-vous, il y en a des milliers en Espagne, en Italie, en Amérique, partout, mais surtout en France? Vraiment cela m'abat, me confond, et je vais m'avouer vaincu,

lorsque vous aurez daigné répondre à cette dernière question. Les hommes qui cherchent à en-
trer dans l'ordre des jésuites sont de grands ambitieux, dites-vous, et je le crois par conséquent.
Toutefois une chose m'étonne encore. L'état ecclésiastique, ainsi que je le disais plus haut, con-
duit assez habilement les gens de mérite à ses
premières dignités, compagnes ordinaires du
pouvoir et de la richesse. Pourquoi votre ambitieux, au lieu de se jeter dans un couvent de
religieux, n'est-il pas simplement entré dans
les rangs éclaircis du clergé de France? Tout en
montant le brillant escalier des honneurs, n'au-
rait-il pu se livrer aussi à sa passion de diriger?
Sans doute, répondez-vous, il l'aurait pu. — Eh
bien! que me dites-vous donc? accusateurs, rendez votre conviction vraisemblable, c'est de toute
nécessité pour être cru!

Mais si la bonne foi des accusateurs de la société
est un problème, que dira-t-on des preuves qu'ils
apportent à l'appui de leurs affirmations? Ici,
tout nous jette dans les plaines du vague. Sem-
blable au paladin qui, dans un palais enchanté,
combat des fantômes, le défenseur des jésuites
voit partout des ennemis, et ne sait où frapper,
son épée s'agite dans les airs. C'est le bruit de la
renommée qu'on lui oppose; on veut qu'il y ré-
ponde. Présente-t-il à ses adversaires le tableau

simple et véritable des mœurs irréprochables des
particuliers; ce n'est point, lui dit-on, de tel ou
tel homme, de tel ou tel collége dont nous en-
tendons parler; ce que nous attaquons, c'est la
société tout entière dans sa règle et ses actions.
Ses actions m'écriai-je ! ignorez-vous donc ce
qu'a fait dans les deux mondes, pour la religion,
les lettres et les sciences, cette société dont vous
vous rendez accusateurs. Ignorez-vous donc que
les sauvages les nommaient les pères de la paix et
de la liberté; que l'éloquence a trouvé dans leurs
rangs des aigles dignes de lutter avec celui de
Meaux ; que les écoles leur doivent encore aujourd'hui une partie de leur gloire? Pour quelques
erreurs désavouées, voulez-vous donc oublier
tant de services réels rendus à la patrie et à l'humanité. Vous ne voulez pas admettre les immenses
avantages d'une compagnie, parce que vous crai-
gnez les fautes que, dites-vous, elle a commises.
Alors détruisez ; et ce raisonnement est vieux
comme la raison, détruisez tout ce qui peut servir ou tourner au mal; brisez le glaive de la justice, il a frappé des innocents ; vandalisez l'imprimerie, elle produit des pamphlets biographi-
ques; plus d'armées, elles ont ramené des tyrans;
plus d'hommes, il y en a de méchants, de calom-
niateurs.

CHAPITRE DEUXIÈME

OU L'ON FAIT VOIR QUE M. DE MONTLOSIER NE DOIT PAS
AIMER LES JÉSUITES.

Abus de la confession. — Révélations indirec-
tes. —Faits nouveaux relatifs aux mariages. —
Bals. — Spectacles. — Danses. — Vêtements.
Tel est le titre qu'a choisi M. le comte de Montlosier pour son chapitre cinquième. On assure
que c'est le moins ennuyeux, celui où il se répète le moins, et dans lequel il a réuni toutes
ses accusations : ainsi donc j'ai fait en sorte de
lire ce chapitre, et de pauvretés en niaiseries,
je suis arrivé jusqu'au bout. D'abord le titre n'est
pas heureux ; on ne sait si on vient de lire le pro-
gramme d'une fête décrite par Sir Walter-Scott,
ou bien si ce n'est pas un de ces examens de
conscience que certains livres de dévotion présentent à la commodité du pécheur. Au reste,
le titre ne fait rien à un livre, et bien que ce-

lui-ci semble annoncer un amalgame confus et bizarre de sujets disparates, bien que ces sujets paraissent s'être présentés en forme de chaos à une plume délirante, il ne faut pas conclure de cela que le chapitre ainsi annoncé soit en parfaite harmonie avec son titre. La conclusion serait trop sévère.

D'abord nous lisons : *abus de la confession !* Ce titre a de quoi faire reculer d'épouvante : on s'imagine que le sceau de la pénitence a été violé, qu'un scandale, inconnu dans les fastes de l'Église est venu effrayer l'époque où nous vivons. Notre inquiète curiosité s'empresse d'interroger le livre de M. de Montlosier, de lui demander le nom du criminel auteur de cette violation ; on veut savoir quelle faute il a divulguée, à quelle personne il s'est adressé. Eh bien ! l'on est dans l'erreur ; il n'est ici question, ni de prêtre coupable, ni de péché divulgué. Tout simplement c'est que l'auteur entend la confession d'une manière grande, large, commode, poétique et musicale, comme on va le voir, et que le clergé de France, ne considérant pas les choses sur le même plan que le docteur, comte de Montlosier, celui-ci se plaint de l'*abus de la confession. Demandez à ce poète,* dit-il, *à ce peintre, à Rossini lui-même, s'il est toujours content de lui.* Et là-dessus notre homme, se chargeant de répondre pour Rossini, paraît avouer avec candeur qu'il y a des moments où l'on éprouve comme un besoin de faire du bruit ; où, croyant avoir fait un chef-d'œuvre, l'on s'aperçoit que l'on n'a fait qu'une sottise, commis un scandale public ; et l'on éprouve alors un mécontentement intérieur qui nous brouille avec nous-mêmes. Puis il ajoute avec une expression de regret qui ferait croire à un changement prochain : *Hélas ! est-ce le seul point où nous ayons à nous apercevoir de notre misère ? est-ce seulement dans les choses frivoles que nous ayons à déplorer la perte de notre propre estime.*

Si nous pensions que, touché de ses erreurs dernières, l'auteur des mémoires à consulter éprouvât en ce moment un sincère regret, respectant les douleurs de la pénitence, nous n'oserions ajouter un mot à ce que nous venons d'écrire, et nous abandonnerions le vieux pasteur à la solitude de ses montagnes. Mais la suite de ses discours (si toutefois......) ne permet guère à nos illusions un moment de durée. Poursuivons.

Il cherche à définir la confession qu'il appelle *mystère. Mais dans ce mystère,* dit-il, *tout n'est pas impénétrable.* Alors, pour nous initier à ses dé-

couvertes, M. de Montlosier nous expose, comme
il peut, son opinion théologique sur *le mystère* de
la confession, sur les dispositions que l'on doit y
apporter. « Ici, dit-il, ce n'est pas comme dans les
choses de talent, une simple vanité blessée ; c'est
l'âme elle-même, c'est la conscience qui est atteinte. Dans ces oscillations de force et de faiblesse, de grandeur et de misère, si notre accord
moral, cette harmonie intérieure, premier élé-
ment de la vie, a été légèrement atteint, un peu
de mécontentement, une simple tristesse peuvent
en être la suite ; mais si l'infraction a été grave,
si elle a mis comme en deux parts notre vie présente et notre vie passée, quand ces deux parts
cherchent à se reprendre, si elles ne peuvent y parvenir, que deviendrons-nous ? » Quel galimathias
est-ce que tout cela ! et voilà comment vous ex-
pliquez les mystères ! en vérité vous êtes un grand
homme ; non-seulement vous pénétrez dans les
mystères, mais vous en créez vous-même ; votre
dernière phrase en est encore un : c'est un mystère de galimathias dans lequel, à la différence
de votre mystère de la confession, tout est impénétrable. Allons plus loin. Nous voyons le docteur déraisonner d'une manière vraiment digne
de pitié sur le but et l'origine de la confession. Il
ne croit pas utile, et trouve même dangereux, de

s'accuser de ces fautes légères, de ces faiblesses humiliantes où nous entraîne notre humanité. Comme les philosophes de nos faubourgs, le théologien du Puy-de-Dôme dit avec une noble assurance : Je n'ai ni tué, ni volé ; je n'ai fait de tort à personne, ainsi je n'ai pas besoin d'aller à confesse. En d'autres termes : *La confession, telle que les apostoliques instituteurs l'ont entendue, semble n'avoir pour objet que ces larges fautes, crimes, ou approchant du crime. Pour un plus grand plan de domination cette surface était trop resserrée ; depuis long-temps, et surtout depuis l'apparition des missions, des congrégations et des jésuites, elle s'est étendue, et bientôt elle a tout envahi.*

Prenons acte de la dénonciacion, elle est plus importante qu'on ne le pense. M. de Montlosier dit une fois la vérité avec franchise, c'est malgré lui, je le crois ; mais enfin il vient de la dire. Il lui arrive en ce moment ce qui ne manque guère d'arriver aux gens qui parlent trop, et qui laissent échapper au milieu de leurs paroles des secrets qu'ils voudraient retenir : aux yeux de M. le comte, comme à ceux d'un grand nombre de personnes, la faute capitale des jésuites et des missionnaires, c'est de vouloir la religion catholique dans tout son entier, dans toute sa pureté ; c'est de ne pas consentir à ce qu'on prétende porter le titre de chrétien, tandis que l'on aura la vie d'un homme qui n'est point soumis aux lois sévères de l'Évangile. Non-seulement les jésuites demandent à ce qu'on s'accuse dans la confession *des larges fautes et des crimes*, ils veulent encore que le pénitent dépose au tribunal de la pénitence toutes les infractions aux ordonnances de l'Église , toutes les violations de ses commandements, quelque légères qu'elles puissent être, tous ces péchés que le catéchisme appelle véniels, et qui, s'ils ne sont rien à la tolérante théologie de M. de Montlosier , doivent être d'une grande importance aux yeux du vrai chrétien, puisqu'ils deviennent une atteinte aux devoirs envers Dieu et envers nous-mêmes. Les jésuites veulent que la vie entière avec tous ses détails, ses désirs , ses pensées , en un mot, que la conscience soit présentée à l'investigation du médecin auguste chargé de la guérir. Ainsi donc, on le sait maintenant, voilà ce que vous appelez abus de confession. Eh bien ! apprenez, monsieur le comte, vous et les vôtres, que tout bon prêtre doit user ainsi du sacrement établi par Dieu pour conduire les hommes, chacun selon son caractère , à la perfection de la vie évangélique ; sachez que l'opinion des jésuites que vous accusez, et qui s'en glorifient, est l'opinion de l'Église enlière, et que, s'ils avaient une autre doctrine, ils mériteraient véritablement les reproches injustes que vous leur prodiguez. Par un reste de pudeur qui nous défendait, quelques moments encore, de démasquer les hommes qui combattirent avec nous pour la bonne cause, nous craignions de montrer à la France le fond de votre pensée ; mais, puisque vous avez parlé vous-même le premier, et que vous avez dit la vérité en trois mots, nous allons l'expliquer tout à notre aise, et dévoiler à tous les yeux, messieurs les antiprêtres, les motifs réels de vos menées et de vos brochures. Vous prétendez ne pas aimer les ministres du jour, et vous assurez que le patriotisme seul dirige votre haine ; moi, je vous montrerai dans un instant que le patriotisme n'entre pour rien, pas plus que toute autre vertu, dans vos attaques journalières. Vous prétendez ne vouloir chasser les jésuites de France, qu'en raison du respect dont vous faites profession pour les lois qui les condamnent à l'exil ; ce n'est pas cela qui vous anime. Vous citez les assassinats des rois, les écoles de régicide ; vous n'y croyez pas. Pourquoi donc votre colère ? je vais vous le dire. Un peu de bonne foi, s'il vous plaît.

Après tout ce qui s'est passé pendant les troubles révolutionnaires, après la preuve acquise par tout.

le monde que les ennemis de la religion sont et
doivent être les ennemis de l'ordre social, on ne
se décide pas facilement aujourd'hui en France
à accepter la dénomination d'impie ; peu d'hon-
nêtes gens s'en feraient gloire : disons-le même
à la gloire du temps, l'idée que font naître les
expressions : *L'homme de bonne compagnie*, se joint
à celle qui résulte de la qualification *d'homme religieux*. Or, comme le titre de philosophe est
aujourd'hui le synonyme, à peu de chose près, du
mot impie ; comme des crimes épouvantables ont
été commis, non pas seulement au nom de la
philosophie, mais pour la philosophie et par la
philosophie elle-même ; comme l'opinion et l'u-
sage ont fait justice de cette expression hypocrite
et orgueilleuse, et qu'aujourd'hui on ne l'emploie
que pour rire à ses dépens, il est arrivé que les
hommes qui tiennent à la considération sociale,
mais qui ne veulent pas lui sacrifier leurs goûts
ou leurs plaisirs, se sont rejetés sur le mot de
religion. Il faut avoir des principes de conduîte
et les professer, soit publiquement, soit avec ses
amis ; autrement, on donnerait à croire qu'une
conduite, livrée toute à elle-même, est peu ré-
gulière, peu digne de la dignité que l'on veut
avoir. Tant que la philosophie a été là, c'était
charmant ; les plaisirs étaient les compagnons de

la sagesse, l'amour-propre en faisait la gloire, et la santé seule était un obstacle à la liberté de jouir. Qu'importait l'amour et ses faiblesses, la table et ses orgies, l'orgueil et son dépit? on était honnête homme: c'était tout ce que demandait la philosophie. Mais aujourd'hui comment faire? le manteau est usé, et laisse voir à travers ses déchirures toutes les impuretés, toutes les misères, tout le ridicule de celui qui a le malheur de s'en couvrir. Voilà donc la religion appelée au secours de l'amour-propre, et, il faut aussi le dire, au secours de cette inquiétude intérieure que l'homme porte sans cesse avec lui, et qui lui demande chaque jour, quoi qu'il en ait, ce qu'il fait, pourquoi il le fait, d'où il vient, et s'il existe des devoirs. Le courage et la franchise n'hésiteraient pas à cette question, et le flambeau de la foi, chaque jour présenté par les ministres de l'Évangile, en attirant les regards de celui qui délibère, attirerait aussi son cœur rempli de doute et d'incertitude. Mais les passions! Les passions se jettent à l'encontre de la vérité. Sans doute, on veut être chrétien, on veut admirer les beautés du christianisme; mais on veut aussi ne pas renoncer à d'autres beautés. On consent à dire, à écrire, même s'il le faut, que l'humilité et la douceur sont les filles de la foi chrétienne; mais on ne veut pas renoncer à ces jouissances d'orgueil et d'amour-propre dont l'imagination est enchantée, et dont le cœur s'enfle comme un ballon qu'on a rempli d'air; on ne veut pas renoncer à cette indépendance fière et jalouse qui fait voir avec tant de peine ceux à la place desquels on se mettrait avec tant de plaisir. On veut bien dire aussi que la religion catholique est la seule véritable, mais on ne veut pas subir le joug de la vérité; on ne veut pas aller à confesse, s'agenouiller aux pieds d'un homme, *cendre et poussière comme nous.* Que dirait le voisin s'il nous voyait assister régulièrement à la messe et aux vêpres le dimanche? que deviendrait ma santé si j'allais à me priver d'aliments gras deux jours de suite dans la semaine. Et le carême et les indulgences, et les angélus? C'est impossible, on n'y peut songer sans rire ou sans frémir. Placé entre ces deux nécessités intérieures, l'on établit une transaction aux dépens de la raison et de la sagesse. On fait ce qu'ont fait tous les protestants; car le protestantisme, que l'on appelle déisme mitigé, pourrait s'appeler avec plus de raison déisme peureux. On veut du christianisme pour les espérances qu'il donne, pour ses consolations, pour les services de sa charité; mais on a peur des devoirs et des obligations qu'il impose. On veut de l'incrédulité pour les plaisirs qu'elle permet, la liberté qu'elle accorde ; mais on a peur de l'incertitude dans laquelle elle nous place, on est effrayé de l'aridité de ses doctrines de mort, et l'on recule épouvanté devant les ruines qu'elle a amoncelées, les fleuves de sang qu'elle a fait couler. Alors le pacte est conclu. Oubliant la parole de celui qui a dit : On ne peut servir deux maîtres à la fois, l'on se figure demeurer au sein du christianisme, parce qu'on n'a pas renié publiquement, ou en soi-même, le nom de Jésus-Christ; on se décide à mener une vie douce et commode, remplie de plaisirs et de jouissances selon ses goûts, et l'on invente une religion qui puisse s'accommoder de ce système. C'est la religion de ces messieurs. Épicure et l'Évangile, la messe et les spectacles, les folies du carnaval et le mercredi des cendres; on veut gaiement porter sa croix. Aussi, que des prêtres impertinents ne viennent pas vous menacer *de la damnation éternelle, du diable, de l'enfer et de tous leurs accompagnements,* vous interdire les spectacles, les danses, les toilettes immodestes! Quelle petitesse d'esprit! quel vandalisme ! il y a des prêtres capables de défendre à un écolier de quatrième, de prendre pour modèle, dans sa leçon de dessin, les gracieux contours de la Vénus de Médecis; des prêtres qui poussent l'absurdité jusqu'à donner aux jeunes demoiselles de Paris le conseil ridicule de détourner la virginité de leurs regards des tableaux et des statues indécentes exposées dans les salons et promenades publiques. Quel affreux jésuitisme! quels hommes dangereux! on n'en veut pas.

Ce que l'on veut, M. le comte de Montlosier, je vais vous le dire; tout le secret est contenu dans ces mots de l'un des coryphées du parti : *la confession semble n'avoir eu pour objet que ces larges fautes crimes, ou approchant du crime.* Vous voulez que la religion soit une simple théorie, une spéculation plus ou moins brillante, selon que l'imagination de celui qui la considérera le sera elle-même plus ou moins. Vous vous opposez à ce qu'elle domine la vie entière, ainsi que le commande son divin fondateur. Vous consentez peut-être à admirer la magnificence de son culte, de ses imposantes cérémonies; mais vous rejetez les pratiques gênantes auxquelles elle veut vous soumettre, et vous embrassez avec ardeur les plaisirs et les joies qu'elle vous défend. Vous voulez des prêtres, mais vous les voulez inutiles, froids comme la pierre du temple dans l'enceinte duquel vous les renfermez; vous les voulez sans

autorité qui puisse contraindre; et leur première
vertu, leur premier devoir, ce zèle sacré qui a
porté la lumière de l'Évangile chez tous les peuples
du monde, est justement le point que vous avez
choisi pour en faire le sujet de vos accusations
ridicules, et de vos plaisanteries irréligieuses.

J'ai dit que tels étaient vos desirs. On va vous
le prouver. Qui? Vous-même, dans votre dernière
brochure, et là seulement: car, tenez-le pour
assuré, M. le comte, même sous le voile de l'a-
nonyme, je rougirais d'avoir pu chercher à pénétrer dans le secret de votre vie privée. J'ignore
et je veux ignorer quelle est votre façon d'agir,
et j'applaudis à ce mot: la vie du citoyen doit
être murée. C'est pourquoi je me croirais digne
de mépris si, par moi-même ou par mes amis,
pénétrant dans la maison de M. le docteur Récamier, je commettais le fait d'un employé de
la police, en dénonçant à mes lecteurs ce que
j'aurais remarqué, soit dans les meubles, soit
dans la compagnie de cet homme savant et esti-
mable. Ce n'est donc pas M. de Montlosier chez
lui, dans sa famille, au milieu de ses connois-
sances que je veux attaquer: c'est l'auteur, c'est
l'écrivain avec lequel j'ai affaire.

Je ne commencerai pas, ainsi que le catéchisme,
par ces mots : Êtes-vous chrétien ? Si par chrétien on entend celui qui croit en Jésus-Christ,
vous me répondriez avec raison : Oui, je suis
chrétien par la grâce de Dieu. Mais si par chrétien l'on voulait entendre celui qui croit à l'autorité de l'Église, je crois que vous feriez bien
de me répondre : Non, je ne suis pas chrétien. En
effet, voici ce que vous dites, page 56 : *Lorsqu'un
concile (je crois que c'est celui de Latran) a pres-
crit la confession à tout le moins une fois l'an, il
n'a rien fait qui ne fût conforme à notre faiblesse.
Il est vrai qu'il ne s'est pas contenté d'imposer la
confession ; il a imposé aussi un prêtre : circons-
tance de laquelle peuvent résulter de nouveaux abus ;
car il ne suffit pas de se confesser à ce prêtre des
actes qui sont péchés selon vous, mais encore de
tous les actes qui sont péchés selon lui.* Que voulez-
vous dire ? Vous soumettez-vous à l'autorité de
ce concile ? prétendez-vous qu'il eût dû ordonner
la confession sans prêtre ? pensez-vous que c'est
au pénitent à diriger la conscience du confesseur ?
croyez-vous à l'efficacité réelle de la confession ?
Que voulez-vous dire ? Je n'en sais rien.

A la page suivante, vous parlez du prêt à intérêt, et, vous élevant contre les ecclésiastiques

qui le défendent, vous leur citez un passage de l'Évangile, que probablement ils avaient lu avant la publication de votre livre. Peut-être leur avez-vous donné le droit de vous répéter un précepte apostolique, non moins connu que votre citation, et beaucoup plus positif : *Mutuum date nihil indè sperantes :* mais comme c'est là une chose encore indécise, je vous engage à attendre sur cette question la décision de théologiens plus habiles que vous ne l'êtes. *Adhuc sub judice lis est.*

Nous allons voir quelque chose qui mettra mieux à découvert les opinions de M. de Montlosier, son respect pour les choses saintes, sa mauvaise foi dans ses protestations de catholicisme, et, ce qui est sa maladie la plus dangereuse en ce moment, le désir, peu digne d'un vieux royaliste, de faire sa cour à MM. les libéraux.

Après avoir parlé de la vénération et des honneurs dont on entoure les restes qui nous rappellent des personnes célèbres ou vertueuses, l'auteur, venant à comparer les reliques des saints à ces souvenirs, objets de nos hommages, ajoute avec une expression que l'on croirait sincère : *Ce qui est vrai et beau dans l'ordre des sentiments humains, comment ne le serait-il pas dans l'ordre des sentiments religieux !* D'après cette façon de parler, on serait disposé à louer dans M. de Montlosier son respect pour les objets de la vénération des fidèles, pour une pratique pieuse qui nous vient des premiers siècles de l'Église, confirmée par l'assentiment des hommes les plus éminents dans les sciences et la piété ; pas du tout, il insulte à la dévotion de M. Récamier ; il trouve plaisant que ce médecin ait placé dans son appartement des images religieuses, et l'appelle, en style de véritable Auvergnat, un *virtuose de reliques*. Dans cette pauvre plaisanterie on ne sait lequel l'emporte de l'irréligion ou du mauvais goût. Comme cela sent le libéralisme ! comme on voit bien à quelles personnes le plaisant s'adressait, quel rire il voulait exciter, pour quel journal il faisait cette excessive dépense d'esprit ! Aussi le coup a bien porté ; les journaux du libéralisme ont applaudi à cette gaieté constitutionnelle ; ils ont oublié toutes les assurances que M. de Montlosier d'autrefois leur avait données de son antipathie pour leur association ; et, reconnaissant dans le dernier Mémoire la touche vigoureuse d'un frère, ils se sont écriés avec enthousiasme : Tu es notre ami, quand même...! Quelques lignes plus loin, même inconvenance, même oubli du respect dû aux choses environnées de la vénération des hommes, lors-même qu'on manque de foi. Insulte

nouvelle faite à un homme distingué ainsi qu'aux
jeunes gens, qui, conduits par M. Récamier dans
les sentiers épineux de la science, cherchent à
marcher aussi sur les traces de leur maître dans
les sentiers non moins difficiles de la vertu. Il
compare ces jeunes gens à des alouettes dres-
sées par un oiseleur pour en attirer d'autres : il
appelle M. Récamier *un professeur de reliques et
de dévotion.* Oh ! M. de Montlosier, grâce de votre
bon mot, vous l'avez dit une fois, c'était déjà
trop joli comme cela.

J'ai promis de vous prouver par vous-même, et
par des citations tirées de votre dernier mémoire,
que vos opinions religieuses n'étaient rien moins
que faites pour servir de modèles à la France.
Que ce que vous appelez la religion doit être
combattu par les bons prêtres, et surtout ne doit
pas être la leur. J'ajouterai à cela que, si vous aimez les spectacles et la danse, vous êtes bien libre
d'aller à l'opéra et de danser; mais que si la chose
est jugée mauvaise et dangereuse par votre direc-
teur, il aura le droit, et ce sera pour lui un devoir, de vous imposer une pénitence, même *le
beau jour de Pâques.*

Si donc un bon prêtre, quel qu'il soit, ne peut
faire avec vous ou vos pareils une transaction qui

vous rende la religion catholique aussi commode, aussi libre, aussi dansante que vous pourriez le désirer, faut-il s'étonner que la morale sévère des jésuites déplaise à votre manière de voir? Les jésuites veulent qu'on soit chrétien tout-à-fait, que l'on aille à la messe, que l'on se confesse, que l'on soit soumis à l'autorité de l'Église dans ses moindres commandements, que l'on accomplisse des pratiques religieuses qui rappellent à l'homme, dans toutes ses actions, la présence de la divinité; sans cela, ils prétendent que l'on n'est pas catholique. Il ne faut donc pas s'étonner que vous ne soyez pas le partisan des hommes qui ont une autre religion que vous. L'un ne trouve dans l'Évangile qu'une autorisation à jouir commodément de la vie, les autres ont sans cesse devant les yeux la croix de Jésus-Christ, sa couronne d'épines, et le calice d'amertume. Voilà ce qui vous sépare.

J'ai voulu vous démontrer que votre respect pour les choses commandées par l'Église et honorées par elle, n'est pas ce qu'il doit être. Or, tout ministre de l'Évangile, tout courageux et sincère défenseur de la religion catholique, doit être ennemi de principes tels que les vôtres; or, les jésuites, les missionnaires et les congréganistes, sont dans ce cas; or, vous le savez bien; donc

vous les détestez. Ceci est je crois plus clair que
votre galimatias sur la confession. Je dois ajouter un mot qui montrera plus clairement encore
pourquoi les jésuites, les missionnaires, les congréganistes et tous les bons prêtres n'aiment pas
les hommes tels que vous, pourquoi ils en préfè-
rent d'autres à vous, et pourquoi, par conséquent,
vous n'aimez pas les jésuites, les missionnaires,
les congréganistes et tous les bons prêtres.

La première obligation d'un catholique, c'est
de respecter l'autorité chargée d'expliquer aux
hommes la morale de Jésus-Christ. L'Église se
compose de l'assemblée des fidèles dirigée par les
évêques, le pape à leur tête. Dans l'autorité de
l'Eglise, nous devons donc voir l'autorité des
pasteurs qui ont reçu du ciel le mandat d'ins-
truire et de gouverner le troupeau, et non pas
l'autorité du troupeau sur les pasteurs. Pour des
Francais, tant qu'une autorité supérieure ne s'est
pas expliquée contradictoirement, la voix de l'É-
glise, c'est la voix des évêques de France réunis
d'opinion sur tel ou tel point de doctrine ; aussi
tout Français bon chrétien se fait un devoir d'en-
tourer de son estime et de ses hommages les hommes revêtus du caractère auguste d'apôtres de l'É-
vangile, tout bon catholique met en première ligne

la soumission à l'autorité de l'Église. Les jésuites, les missionnaires, les congréganistes et les bons prêtres se distinguent par cette soumission parfaite qui ne permet à l'orgueil aucune réflexion isolée lorsque l'Église a parlé. Ils ne cessent de prêcher cette doctrine salutaire, que leurs enne-mis appellent une doctrine d'esclavage, un principe de mort pour la raison. Vous, au contraire, monsieur le comte, ne cessez d'attaquer cette Église sainte et vénérable ; les évêques tantôt en masse, tantôt séparément, sont le sujet de vos accusations. Dans votre dernier mémoire, vous ne cessez de répéter que c'est à la tête qu'est le mal ; que toutes les fautes des ecclésiastiques subalternes doivent être imputées à ceux qui les dirigent ; vous calomniez les intentions pures de M. d'Hermopolis ; vous insultez à la piété d'un homme honoré de la confiance du roi, aux mains duquel il a confié ce qu'un père a de plus précieux ; vous cherchez à détruire dans l'esprit de l'armée les fruits du zèle éclairé d'un vénérable cardinal. Si votre conduite envers les chefs de l'Église est telle que je la représente, doit-on s'étonner que les ecclésiastiques qui font profession de les vénérer, d'abord comme particuliers dont les vertus et le désintéressement rappellent les mœurs primitives de la chrétienté, ensuite

comme pasteurs du peuple auxquels on doit entière obéissance; doit-t-on s'étonner, dis-je, que
ces ecclésiastiques aient mérité, par des doctrines
aussi contraires aux vôtres, la gloire d'avoir en-
couru votre animadversion?

Vos protestations de catholicisme jointes à vos
calomnies, et vos injures contre la société des
jésuites ne prouvent donc qu'une seule chose,
c'est que vous et cette compagnie voyez la religion d'une manière différente. Deux opinions se
présentent, chacune avec leurs défenseurs, qui
tous prétendent avoir de leur côté la religion
catholique. Avec les jésuites, je vois le sou-
verain pontife, des cardinaux, tous les évêques,
tous les chrétiens fervents; avec M. de Montlosier, je vois le Courrier français, le Constitutionnel et le journal des Débats.

Après vous avoir prouvé que les niais seuls
étaient dupes des motifs dont vous parez votre
haine antireligieuse contre la compagnie des jésuites, je vais m'efforcer, monsieur le comte, de
vous démontrer aussi clairement, sur quelles
bases repose votre haine jalouse contre les ministres actuels.

CHAPITRE TROISIÈME.

MOTIFS DE LA HAINE DE CERTAINS HOMMES CONTRE LES PRÊTRES ET LE GOUVERNEMENT DU ROI.

Si j'étais député royaliste, je me garderais bien de porter au ministère des hommes tels que M. de Montlosier et M. de C. Car il faudrait sauver le Roi d'abord.

Si j'étais député libéral, je me garderais bien de porter au ministère des hommes tels que MM. de Montlosier et M. de C., car il faudrait sauver la liberté d'abord.

Le Roi et la liberté ne sont pas pour ces deux publicistes l'affaire première. Ils sont du parti-jaloux.

Qu'est-ce que le parti-jaloux? de quels hommes est-il composé? Il est composé d'une réunion de citoyens éclairés dont plusieurs ont rendu de grands services à la monarchie, qui sont même assez disposés à la défendre encore, mais à une condition toutefois, c'est qu'on les placera à la tête des affaires, c'est qu'on s'occupera d'eux. Voilà les chefs. Après eux viennent tous les petits importants, tous les prétendus restaurateurs de la dynastie royale, toutes les intéressantes, les victimes des cent jours et de la révolution, toutes les ambitions de bureau, tous les bourgeois qui songeaient faire leur fortune en prenant la cocarde blanche, tous ceux enfin qui s'étonnent que leurs services soient oubliés, et que sa Majesté ne les ait pas tirés de la foule.

Ces gens-là veulent donc une seule chose : leur intérêt. Accordez-leur ce qu'ils demandent, c'est-à-dire un portefeuille, des places, des pensions ou un brevet : laissez du reste toutes choses dans l'état actuel ; demain ils ne diront plus rien : le Roi n'aura pas de serviteurs plus soumis, les libéraux de plus dangereux adversaires.

Qu'arrive-t-il de là ? Les royalistes plaignent leur défection, les révolutionnaires les dédaignent. Il me semble que ces dédains me causeraient une bien douloureuse humiliation !

Quoiqu'il en soit, on ne peut se figurer à quelles extrémités peut nous conduire une ambition renversée dans sa fortune ou trompée dans ses projets. Les hommes les plus monarchiques peuvent se livrer à la popularité de la révolution, les hommes du caractère le plus honorable peuvent en venir à demander du sang. Expliquons tout cela. La tête du parti jaloux a occupé le ministère pendant quelque temps, et je ne sache pas qu'à cette époque elle ait fait entendre aucune plainte, ni contre les jésuites, ni contre les envahissements du clergé. Aucune prophétie alarmante, aucune frayeur patriotique ne troublait notre ambassadeur à Londres, alors qu'au sein des plaisirs et des fêtes, il représentait, d'une façon si brillante, la magnificence française. A cette époque tout allait bien; malgré les dévots, les jésuites et les prêtres, le vaisseau de la monarchie voguait à pleines voiles; la charte, un peu maltraitée, suivait tant bien que mal; mais la patrie s'amusait, tout était donc pour le mieux dans le meilleur des mondes possibles. Après l'ambassade, et tandis que le ministre se complaisait dans les affaires étrangères, est arrivé certain message. En deux heures la place fut libre; mais le dépit n'y perdait rien. Un journal royaliste en changea de couleur; et, s'attachant à un homme qu'on espérait voir revenir au timon de l'État, bien des ambitieux compromirent leur prudence. Depuis long-temps on était mécontent de tout ce qui se passait, on enviait la fortune des royalistes en faveur, mais on n'osait crier contre eux, dans la crainte de passer pour libéral, ou de laisser voir le fond de sa pensée. Le *Journal des Débats*, entièrement livré aux chefs du parti jaloux, devint l'expression de tous les mécontens. Sans renoncer à défendre les principes de la légitimité, et tout en jurant amour et fidélité aux Bourbons, il attaqua un ministère royaliste avec plus de vigueur que ne l'avaient fait encore les journaux aux gages des révolutionnaires. Toutes les jalousies applaudirent à ce nouveau langage, et furent enchantées de pouvoir demeurer royalistes en travaillant contre les intentions du Roi. Mais aussi, pourquoi le Roi s'attache-t-il à ses serviteurs, et ne veut-il pas en mettre d'autres à leur place? Quelles raisons peut-il avoir de préférer ceux qu'il conserve à ceux qui paraissent si bien disposés à gouverner la France, qui lui font de si belles promesses, et dont les précédents services donnent à la royauté toutes les garanties désirables sur leur zèle et leur attachement. C'est alors qu'après bien des recherches on dut s'apercevoir de la confiance du Roi dans les hommes chez lesquels il trouvait les talents de l'administration réunis à une piété sincère et éclairée. MM. de Montmorency, Franchet et de Vaulchier donnèrent lieu, je crois, à cette observation. Dès ce , moment la dévotion fut attaquée, parce que dans la dévotion on vit le ministère : des hommes religieux on passa aux missionnaires et aux jésuites ; des jésuites aux simples prêtres, des simples prêtres aux évêques, des évêques à l'Église ; et voilà comme on est arrivé à la révolution. Mais toutes ces attaques détournées ne sont que des prétextes ; ce sont des ruses de guerre pour prendre la place afin d'y planter l'étendard du parti jaloux.

Telle n'est pas régulièrement peut-être la marche progressive de chacun des mécontents isolément considérés, mais telle est celle du parti jaloux pris en masse. Les efforts de celui-ci ajoutent aux efforts de celui-là, le journal de l'un pousse la brochure de l'autre, les folies de droite aident aux fureurs de gauche, et le parti marche. Nous autres, témoins d'une pareille lutte, qui nous rions des assaillants aussi bien que des assiégés, croyez-vous que nous soyons dupes et de vos promesses et de vos fanfaronnades? Pas le moins du monde. Dépouillés de tout intérêt particulier, et destinés à subir un ministère, que nous importe à nous autres que vous preniez une bonne place à ceux qui s'y trouvent bien. Nous aimons beaucoup mieux que vous nous laissiez en repos, et ne troubliez pas l'État par vos ambitions et votre manie d'occuper le public de vos personnes. Mais, dites-vous : Un bon ministre.... Eh bien ! un bon ministre ; qu'est-ce que c'est ? nous n'en avons jamais vu.

M. de Villèle est-il l'homme qui convient au Roi ? Je l'ignore, et ne me soucie guère de traiter une question que j'abandonne à la sagesse de notre bien-aimé Monarque, à la prudence des hommes sages qui l'entourent. Si je voyais discuter un principe, peut-être chercherais-je à prendre part à l'action : si l'on me disait : Nous voulons un homme plus monarchique, ou bien nous voulons un homme plus démocratique ; je chercherais à vous prouver que vous avez tort, ou que vous avez raison, selon que j'aimerais à voir la puissance dans la main du Roi ou dans la main du peuple. Mais le parti jaloux ne veut pas un principe plutôt qu'un autre, il veut un homme à la place d'un autre, et voilà tout.

Je sais bien que, depuis quelque temps, on crie bien fort à la charte, et que l'oraison funèbre de cette pauvre charte est dans la bouche de tous ceux qui veulent renverser le ministère. Mais ce n'est encore là qu'un prétexte pour le parti jaloux, un mot de ralliement pour appeler à son aide ces bons messieurs du *Constitutionnel.* N'est-ce pas une insulte à faire à l'honneur de Charles X que de douter de sa bonne foi dans les promesses qu'il a jurées? Vous répondrez, je le sais d'avance, que le Roi veut la charte, mais que son ministre veut la déchirer. C'est donc bien peu de chose, Messieurs, que cette charte, si on peut ainsi la chiffonner et la mettre dans sa poche, sans que le Roi s'en aperçoive. Vous insultez à la constitution de Louis XVIII.

D'où vient que des hommes si distingués se montrent aujourd'hui si médiocres et si peu grands? C'est que le dépit est un mauvais conseiller? c'est que la jalousie à laquelle on s'abandonne détruit en nous jusqu'à la faculté de raisonner. Cependant il y a de si beaux exemples dans l'histoire! des retraites si magnanimes! Je dis l'histoire, Messieurs, parce que le duc de Montmorency est au ciel.

Mes amis m'écrivent de Paris pour me témoigner leurs regrets et leur douleur, a dit quelque part M. le comte de Montlosier; et loin d'être touché de ces marques d'une amitié véritable, il ajoute : qu'elles n'ont fait qu'exciter en lui une nouvelle ardeur. Il veut à toutes forces que les Parisiens se transportent en Auvergne, et voient *ses ministres* en tablier, occupés à tondre *ses sujets bêlants.* Quelques louanges que lui mérite aujourd'hui la laine de ses mérinos; quelque spirituelles que puissent être ses annonces en forme de mémoire; je doute que tout cela procure une gloire aussi belle à M. de Montlosier d'aujourd'hui , que celle dont se couvrit M. de Montlosier d'autrefois , quand il défendoit le clergé à la tribune de l'assemblée constituante. Alors il n'attaquait pas les évêques ; ses inspirations étaient autres qu'elles sont aujourd'hui, et *la croix de bois qui a sauvé le monde* sera pour sa mémoire une palme aussi belle que *les appelants de dévotion, et le virtuose de reliques.*

Du reste, l'auteur des Mémoires n'en veut pas aux prêtres ni aux dévots ; il croit les voir obstruant les avenues du trône ; il croit les voir préférés par la faveur aux royalistes comme lui ; il croit voir un ministère qui cherche ses agents parmi les hommes dont la religion est forte , la foi agissante; et, jaloux de cette préférence qui le laisse à l'écart, il attaque le ministère à cause des prêtres, et les prêtres à cause du ministère.

Mais, comme je le disais en commençant,

voyéz jusqu'où peut conduire un premier pas fait dans le chemin de l'orgueil. **M. de Montlosier** n'a voulu d'abord qu'attaquer un parti triomphant à la cour : et le voilà maintenant qui fait ligue avec tous les amis de la révolution ! J'ai honte de dire ce que j'ai lu dans son livre ; il veut du sang, il demande la tête d'un ministre.

Je ne connais rien aux affaires de finances ; et, pour payer la carte de mon dîner, je me fie le plus souvent aux mathématiques de la dame de comptoir. Je ne comprends rien au tiers consolidé, au trois pour cent, au cinq pour cent, pas plus qu'à toutes les lois inventées jusqu'alors pour ne pas payer l'argent qu'on doit à autrui ; mais, quelque coupable que soit cette ignorance, à quelque dangereuse erreur qu'elle puisse exposer notre fortune ou celle de nos amis, je n'ai jamais pensé qu'on pût dire à un homme : Fais bien ta division, ou je te coupe la tête.

Comme je suis un homme *sans conséquence*, que l'on ne dit pas de moi que je pense bien ou que je pense mal, mais seulement que je ne pense pas ; comme, en effet, je ne pense ni d'après le blanc, ni d'après le rouge, et que je tiens à penser seulement d'après moi, il arrive que cette opinion isolée me permet d'entendre celle des publicistes de toute couleur avec lesquels je discute très-volontiers. Mes bons amis, les royalistes, me disent que le parti jaloux est perdu sans retour, et que le Roi ne veut plus en entendre parler : messieurs mes amis, les libéraux, me disent qu'ils emploient le parti jaloux, comme Gédéon employa des vases d'argile, pour faire du bruit, mais qu'au moment décisif on les brisera l'un contre l'autre, et qu'ils seront foulés aux pieds.

Tout cela m'épouvante beaucoup, et me paraît avoir une ressemblance effrayante avec les temps de 1789. A cette époque aussi l'on employait l'ambition et les idées libérales de quelques hommes distingués ; à cette époque aussi l'on écrivait des catilinaires contre le clergé pour lequel on demandait une réforme ; à cette époque aussi l'on déclamait avec fureur contre le ministre des finances ; à cette époque enfin l'on voulait, aux cris de *vive le Roi*, forcer la volonté du Roi. Prenez-y garde, Messieurs, nous sommes sur un terrain rempli de soufre et de salpêtre : la seconde éruption serait plus terrible que la première, et vous péririez avec nous.

Lettre de mademoiselle Félicité à M. de Montlosier.

Monsieur le comte,

C'est avec une douleur bien grande que j'apprends la manière dont vous vous servez de mon nom pour le faire courir dans toute la France, et m'exposer ainsi au ridicule. Mes parents en ont éprouvé beaucoup de peine, et ne s'attendaient pas à cette indiscrétion de votre part, pour les bons procédés dont ils ont toujours usé vis-à-vis de vous. Je ne puis aller nulle part maintenant sans que tous les regards se portent sur moi, et que je n'entende répéter à mes oreilles : *Tenez, voilà cette demoiselle qui a failli avoir des coups de pied au cul,* ainsi que le dit M. de Montlosier. Papa a reçu dernièrement des lettres de Paris, dans lesquelles on lui mande qu'il devrait m'y envoyer: les directeurs des théâtres et des fêtes publiques lui ont écrit de me faire venir dans la capitale pour y remplacer les Osages qui viennent de partir. Vous concevez, Monsieur le comte, quelle peine ce doit être pour une famille respectable, pour une jeune fille comme moi, d'être devenue ainsi l'objet de la curiosité publique, et combien ma modestie doit en souffrir ; vous auriez dû laisser tomber, ainsi que moi, les expressions déplacées de notre bon curé ; c'est un homme excellent, rempli de zèle pour le salut de ses paroissiens, et qui, tout occupé de faire le bien, oublie quelquefois les mots qu'il emploie dans ses discours. Mais le peuple sait faire justice de ces distractions peu importantes, et laisse passer les expressions de son curé, en faveur de sa charité et de ses bienfaits : vous avez eu grand tort de chercher à indisposer contre lui l'opinion publique. Vous savez bien que de tout temps il y a eu dans les campagnes des ecclésiastiques qui se permettent une façon de parler un peu triviale et tout-à-fait à la portée de leur auditoire ; mais que jamais notre bon curé n'a frappé qui que ce fût dans la paroisse. Il voulait indiquer seulement la peine qu'il éprouvait de me voir livrer à un amusement, innocent en lui même, mais dans lequel il croit apercevoir de grands dangers pour les mœurs. Peut-être ses craintes sont-elles fausses, et le plaisir que j'ai à danser me le fait croire. Enfin il croit remplir son devoir en s'opposant à la danse, et quelles que soient les expressions inconvenantes dont il se soit servi en cette occasion, vous avez eu tort de les faire imprimer pour les envoyer à vos journaux de Paris. Je vous

7

le répète, Monsieur le comte, je suis très-mécontente d'être ainsi mise en scène afin d'amuser le public aux dépens des ministres de la religion. Car autant vous aimez à ce qu'on s'occupe de vous, autant je crains d'être exposée de la sorte aux regards de tout le monde : chacun me dit que c'est un fort grand malheur pour une jeune fille.

A quoi bon aussi aller raconter dans un livre de semblables niaiseries, des demoiselles grondées, un violon brisé, la pénitence d'un jeune garçon, et tant d'autres choses. Cela ferait croire, en vérité, que vous en voulez beaucoup aux prêtres, et que, ne trouvant pas de graves accusations à articuler contre eux, vous allez courir tous les villages pour obtenir des paysans quelques dénonciations contre leur curé. C'est d'autant plus ridicule de votre part, qu'en 1790 vous avez défendu le clergé avec beaucoup de talent et d'énergie. Notre maitresse de pension souvent nous citait avec admiration un passage du discours que vous avez prononcé lorsque l'on dépouillait les prêtres de leurs biens. Mon oncle, devant lequel on le lisait dernièrement, a dit à son voisin quelque chose contre vous, et pour que cette remarque ne fût pas entendue des dames qui se trouvaient là, il l'a faite en latin ; c'était , autant que je puis me le rappeler, ces mots : *quantum mutatus ab illo.* Le secret qu'on y mettait, éveillant ma curiosité, j'ai voulu savoir ce que ces paroles signifiaient, et j'ai été en demander l'explication à mon petit cousin , lequel sait déjà traduire tous les auteurs, à ce qu'il nous assure : il m'a répondu que cela voulait dire qu'en attaquant les prêtres on attaquait la religion. J'ai trouvé que mon oncle avait raison, et je me suis promis de vous l'écrire.

Vous devez bien regretter d'avoir écrit votre dernier Mémoire : cela vous a fait manquer une belle place, si toutefois la nouvelle qu'on nous a rapportée n'est pas un conte fait par ceux qui s'amusent à vos dépens. On assure que le Roi , mécontent depuis quelque temps des personnes qu'il a placées près de son petit fils , avait congédié Mgr. l'archevêque de Strasbourg, et qu'il vous avait nommé à sa place précepteur de Mgr. le duc de Bordeaux. Le roi voulait, dit-on, récompenser les services que vous avez rendus à la monarchie pendant les premiers temps de la révolution ; et le beau souvenir qu'il conservait de vos talents, lui faisait oublier les paroles imprudentes, que par une petite pique d'amour-propre , et pour qu'on s'occupe de votre personne, vous

vous permettez contre son gouvernement ; mais,
le lendemain du jour où le Roi venait de signer
l'ordonnance qui vous nommait à ces fonctions
importantes, votre Mémoire à M. de Villèle ayant
été distribué dans Paris, et porté sous les yeux
de Sa Majesté, les affaires changèrent de face ; le
Roi ayant lu dans votre brochure une longue énu-
mération des projets que vous comptiez exécuter,
dans le cas où M. Tharin recevant son congé de
départ, vous seriez appelé à être précepteur du
duc de Bordeaux, reconnut que personne au
monde n'était moins que vous en état d'élever
le prince, et, touché d'admiration pour le saint
archevêque dont vous avez mis au grand jour la
modeste vertu, il s'est empressé de lui rendre
l'éducation de son petit-fils, en révoquant l'ordonnance qui vous y appelait.

Je désire de tout mon cœur, monsieur le comte,
que cette petite leçon puisse vous profiter à l'ave-
nir en vous faisant connaître les avantages du
silence et de la modestie ; et je prie Dieu qu'il
vous pardonne le mal que vous faites à la religion,
comme je vous pardonne de tout mon cœur le
mauvais tour que vous avez joué.